アルケミスト双書　タロットの美術史〈8〉

節制・悪魔

鏡 リュウジ

✳

Temperance & The Devil

Ryuji Kagami

はじめに

「愚者」から始まったタロットの旅もいよいよ佳境である。
僕たちはここで、２人の「霊的存在」に出会う。そう、天使と悪魔だ。
いや、この「霊的存在」表現は正確ではない。
図像学的なことから言えば、確かに「悪魔」は堕天使であるが、
「節制」はすでに見てきた「正義」や「力」と並ぶ
抽象的な徳目のひとつであり、その擬人像なのである。
ただ、最初期の「節制」は人間であり翼はないが、
マルセイユ版の時代になると、「節制」は立派な翼を得て天使となる。
図像を素直に見比べてみよう。画面いっぱいに大きく描かれた
「節制」たる天使と「悪魔」は見事なカウンターパートだ。
タロットの「節制」の慎ましやかな生き方は
放縦な「悪魔」を引き立てているし、自らの欲望を解放する「悪魔」は、
「節制」の自縄自縛ともなりかねないストイックさを際立たせることにもなる。
よく言われることだが、自分の中に天使と悪魔の両方がいて、
その中央の道を、成熟した人間は歩んでいくのではないだろうか。
そして、この天使と悪魔がともに霊的で人間以上のものであることにも思いを巡らそう。
古来、人間には生まれた時から「ダイモーン」と呼ばれる
守護霊がつき従うと考えられてきた。
見えざるその神霊の声は、偶然や直感のかたちで人生を導いていく。
この２枚の札は人をさまざまな方向に導くダイモーンの声の
象徴だと言えるかもしれない。

鏡 リュウジ

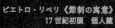

ピエトロ・リベリ《節制の寓意》
17 世紀初頭　個人蔵

ウェイト＝スミス版〈節制〉
Waite-Smith Tarot
1910　イギリス／ロンドン　夢然堂蔵

節制

杯　から杯へ、静かに水が注がれている。それは
　　一滴もこぼされることがない。慎重に、心を
落ち着かせていなければできない動作だ。身と心を
慎むことを示す「節制」の水は一方で、心の中で何
かが起こり始めていることをも暗示しているという。

節制 / *Temperance*

移し替えられる水は
心の中の静かなる変容の表れ

「節制」は、ギリシャ・ローマ以来、「正義」「力」「賢慮」と並んで4つの「枢要徳」（カーディナル・バーチュー、四元徳）のひとつに数えられてきた。この枢要徳は、タロット以外の場でも、もちろんさまざまなかたちで描かれている。ヨーロッパの教会には、ときおり、ステンドグラスに「節制」や「正義」などの寓意像が姿を現していることがある。これらの図像が一般的なものであることを知らなければ、「教会にタロットが飾られている！」と妙な驚きを感じてしまうことにもなりかねない。

一般的なタロットの「節制」は、ひとつの器からもうひとつの器に、液体を一滴もこぼすことなく移し替えている女性像で表象される。これはワインに水を注いでいる様子を描くものであるとも解釈できる。

古代ギリシャの人々は、おおらかで放縦だったという印象を持つかもしれないが、しかし、酩酊状態は野蛮なことだと考えられていた。ディオニュソスの祭礼など例外の時期を除き、ワインは水で割って飲むのが常だったという。「節制」はワインを水で割るように身と心を慎む姿勢を示しているのだ。また、「節制」の寓意像としては松明（たいまつ）の炎を水で消している姿もある。これはたぎる情欲の炎を自ら鎮火させる克己心を象徴するのだ。だが、この「節制」のイメージはやがて2つのエネルギーを穏やかに中和させたり混ぜ合わせたりする姿であると、より象徴的に解釈されるようになっていく。心理学的には、水は心のエネルギーを象徴する。なめらかな水の動きは無意識の中で静かに何かが動き始め、変容が起こりつつあることを示すのだろう。

ヴィスコンティ・スフォルザ版
〈節制〉

Visconti-Sforza Tarot
1480–1500頃　イタリア／ミラノ
モルガン・ライブラリー・アンド・
ミュージアム蔵（ニューヨーク）

星の柄の青い服をまとった「節制」
が崖の上で壺から壺へ液体を注い
でいる。後の絵柄に見られる翼が
ないことに注目。伝統的な「節制」
が座る椅子の背もたれが後に翼と
誤認されたという説がある。

名画に見る〈節制〉

ジョット・ディ・ボンドーネ
《7つの美徳》より
〈節制〉

1306　フレスコ壁画
スクロヴェーニ礼拝堂蔵(パドヴァ)

ジョットの描く「節制」は剣を
鞘に収め、容易に抜けないよう
に紐できつく縛っている。注目
したいのは「節制」の口元に見
える手綱である。馬を制御する
手綱は「節制」を表すモチーフ
とされ、縛られた剣とともに行
き過ぎた言動を慎むことを示す。

マンテーニャのタロット
〈節制〉

Mantegna Tarot
1530-61　イタリア
大英博物館蔵（ロンドン）

ルネサンスの画家マンテーニャに誤って
帰せられてきた50枚1組のユニークなパッ
クより、「節制」札。ワインを水で割って
いる。足元では動物（おそらくオコジョ
かイタチ）が鏡を覗き込んでおり、おの
れを振り返り、身を慎むべしと伝えてい
るようだ。

エステ家のタロット
〈節制〉

Este Tarot
1450頃　イタリア
イェール大学図書館蔵（ニューヘイブン）

壺から壺へと液体を注ぎ込んでいる定番
の「節制」像。ただし、立像ではなく座
している姿で描かれていることに注目し
たい。エステ家は中世から近代にかけて
イタリア北部のフェラーラを事実上支配
した貴族。同家が注文したこのパックは
最古のタロットのひとつに数えられる。

名画に見る〈節制〉

ピエロ・デル・ポッライウォーロ
《節制》

1470　テンペラ／板　168×90.5㎝
ウフィツィ美術館蔵（フィレンツェ）

西洋の四元徳である「剛毅
（力）」「正義」「賢慮」とと
もに描かれた連作のひとつ。
水差しから水盤へ優雅に水
を注ぐ姿はタロットで描か
れる多くの「節制」の図像
と共通する。イタリア・ル
ネサンスの巨匠ならではの
精緻な細部描写も見どころ。

シャルル6世のタロット
〈節制〉

Charles VI Tarot
1475-1500頃　イタリア
フランス国立図書館蔵（パリ）

誤って「シャルル6世のタロット」と呼ばれ
てきたが、実際は15世紀に制作されたパッ
ク。液体を別の器へと注ぐ、定型の「節
制」像であるが、頭の周りに光輪のような
ものがあるのが目につく。この「節制」が
単なる人間ではないことを示すようだ。

作者不明のパリジャンのタロット
〈節制〉

Tarot Anonyme de Paris
1600-50頃　フランス／パリ
フランス国立図書館蔵（パリ）

この「節制」は燃え盛る炎に水を注いで
鎮火しているように見える。炎からは煙
が上がり、情欲の火の勢いが強いことを
示しているようだ。

名画に見る〈節制〉

アンブロージョ・ロレンツェッティ
《善政の寓意》より
〈節制〉

1338頃　フレスコ壁画
ププリコ宮殿蔵（シエナ）

ルネサンス時代に栄えたイタリア中部の都市、シエナのププリコ宮殿の評議会広間に、善政の寓意を表す7つの美徳のひとつとして描かれた。この「節制」は砂時計を指さし、やがて来る死期を意識しながら抑制して生きよと伝えている。

タロッキ・フィーネ・ダッラ・トッレ
〈節制〉

Tarocchi Fine dalla Torre
17世紀　イタリア／ボローニャ
フランス国立図書館蔵（パリ）

17世紀イタリアのボローニャで制作された
れたこのパックでは、野外で座してい
る「節制」が描かれる。その髪はきっ
ちりとまとめられ、身を慎んでいる様
子がうかがえる。上部の両端に見える
光輪は太陽、あるいは月だろうか。

ミテッリ・タロッキ〈節制〉

Tarocchini Mitelli
1660-70頃　イタリア
フランス国立図書館蔵（パリ）

こちらも17世紀のイタリアで制作された
パックで、同地で伝統的に作られてきた
62枚からなる「タロッキーニ」のひとつ。
屋外に立つ「節制」が身に着けている衣
服は風でなびいている。このような動き
のある「節制」は珍しい。また前方にな
びく前髪は「幸運」像を思わせる。

マルセイユ版タロットの世界

文・夢然堂

天使めいた人物が手にした2つの器の間を、液体が流れている。マルセイユ版のみならず、どのパックでもおおよそ同じようなデザインである。酩酊を避けるため、濃い葡萄酒を水で薄める様子を示す「節制」徳。その擬人図とすれば、なんら目新しいものではない。マルセイユ版に現れた特異な点は、この人物が翼を持っていることだ。マルセイユ版のルーツにつながるフィレンツェの美術には先例のある表現だが、それとは別に「時」の概念と関わりがある可能性も指摘されている。"Temperance" は「時」(仏語で temps)に通じることから、「節制」図に持物として時計が描かれることがままあった（タロットの二容器間を水が流れる様は、水時計や砂時計も連想させる）。翼は、移ろう時の代表的な象徴である。

マルセイユ版「節制」はその全体的な姿勢、さらには前髪を留めたヘアスタイルまで、「マンテーニャのタロット」の同札〔11頁〕とよく似ているが、後者に翼はない。しかるに、この特殊なパックで「節制」札の2つ前に置かれた「時の威力」札〔第5巻・38頁〕には、まさしく翼を持った人物の立ち姿が描かれている。

ついでに、上記のフィレンツェとの関係で言うと、同市を中心とするトスカーナ地方で愛されたミンキアーテ版の「魚座」札が興味深い。うねる水流が2匹の魚の口同士をつないでいるのだが、特に一部のパックのそれが、マルセイユ版「節制」の二容器の様子と実によく似ているのである。マルセイユ版の水流の描かれ方は物理法則的にどうにも不自然なのだが、実はさりげなく、こうした符牒めいた遊びが隠されているのかもしれない。

ルヴァンのニコラ・コンヴェル版
〈節制〉

Tarot of Marseilles by Nicolas Conver
1860年代頃　フランス／マルセイユ　夢然堂蔵

カモワンのニコラ・コンヴェル版
〈節制〉

Tarot of Marseilles by Nicolas Conver
19世紀末　フランス／マルセイユ　夢然堂蔵

ルノーのブザンソン版〈節制〉

The Besançon Tarot by Renault
19世紀前半　フランス／ブザンソン　夢然堂蔵

ミュラー版
〈節制〉

Tarot of Marseilles by J. Muller
19世紀末頃　スイス／シャフハウゼン　夢然堂蔵

ヴィアッソーネのピエモンテ版
〈節制〉

Piedmont Tarot by Alessandro Viassone
1900年前後 (?)　イタリア／トリノ　夢然堂蔵

*各パックについては第1巻「愚者・奇術師」〔17〜19頁〕で解説

名画に見る〈節制〉

アンドレア・マンテーニャ
《美徳の庭から
悪徳を追放するミネルヴァ》

1475–1500頃　テンペラ/カンヴァス
160×192㎝　ルーヴル美術館蔵 (パリ)

ルネサンス期のマントヴァ侯爵夫人イザ
ベラ・デステが書斎を飾るために依頼し
た作品。知恵と技芸の神ミネルヴァが、
「欺瞞」「無知」「色欲」「忘恩」などの
悪徳がはびこる庭を一掃する。空中で
は「節制」「正義」「剛毅（力）」ら美徳
がまったく動じることなく地上の喧騒
を見守っている。そしてまもなく、庭
は再び美徳の安住の地となる。

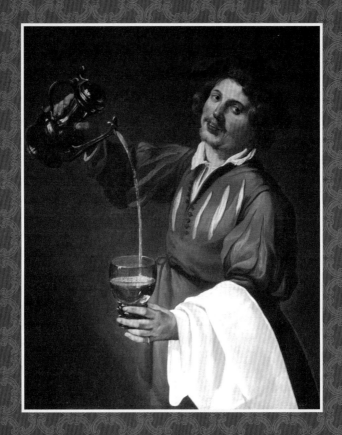

名画に見る〈節制〉

テオドール・ロンバウツ
《杯を持つ男（節制の寓意）》

1625-32　油彩／紙（カンヴァスに貼付）
118×98cm
ウジェーヌ・ルロワ美術館蔵（トゥルコワン）

男性がグラスに水、または酒らしき液体を注いでいる。風俗画が確立された17世紀のオランダでは宗教画に代わり日常の暮らしが主題に選ばれ、本作もそのひとつ。描かれるのは男性だが、伝統的な仕草により「節制」の寓意にも見立てられる。

ミンキアーテ版
〈節制〉

Minchiate Tarot
1860–90頃　イタリア／フィレンツェ
フランス国立図書館蔵（パリ）

全97枚で1セットのミンキアー
テ版からの「節制」。構図は一
般的な「節制」と同じだが、こ
の女性の片方の乳が露わになっ
ているのが印象的。性的な意
味ではなく、この像の無垢さ
を示すのだろうか。

オズヴァルト・ヴィルト・タロット
〈節制〉
Oswald Wirth Tarot
1889　フランス／パリ
フランス国立図書館蔵（パリ）

19世紀末のオカルト主義者ヴィルトによると、天使が入れ替える水は生命である。ひとつの器（肉体）から別の器へと、「節制」のひとつ前の「死」を媒介として生命が再生する様子を示す。

グラン・エテイヤ
（タロット・エジプシャン）
〈節制〉
Grand Etteilla or Tarot Égyptien
1875-99頃　フランス／パリ　鏡リュウジ蔵

18世紀末のカード占い師エテイヤが制作した史上初の「占い専用」タロット。「黙示録の天使」との題が与えられており、明らかに伝統的な「節制」から天使への変容が見られる。またこの女性は片方の足を方形の石に、もう一方の足を球体に乗せている。

ウェイト=スミス版
〈節制〉

Waite-Smith Tarot
1910 イギリス／ロンドン 夢然堂蔵

　20世紀以降のタロット文化に
決定的な影響を与えたパック。
このカードの作者ウェイトは、
「額に太陽の記号、胸には7を
意味する四角形と三角形があ
る天使」が「杯から杯へ生命
の精髄を注いでいる」姿を描
くと解説している。

01.

ビー・ウィズ・ユア・ボディ・タロット

Be With Your Body Tarot written by Sarah Jane Chapman and illustrated by Sara Strese

🌐 sarahjanechapman.com / bewithyourbodytarot.com

占星術やタロットのみならず、ヨガも実践するサラ・ジェーン・チャプマンらが制作したタロット。自分の身体をより意識し、心と身体を合致させようとするワークを続けている作者の思想が反映されている。

02.

クイア・レボリューション・タロット

"Temperance" from the Queer Revolution Tarot, watercolor on paper 20×30 inches, by Kate Wilhite 2021

🌐 katewilhite.com
📷 kate.wilhite

ケイト・ウィルハイトの水彩画によるタロット。性的少数者たちへのエンパワメントは最近のトレンドのひとつだが、とくにアメリカの保守的な地域に生きる当事者たちをモデルにしたという点が特筆すべきだろう。

TEMPERANCE

03.

ロスト・タロット

The Lost Tarot by Hans Bauer

🌐 hansjurgenbauer.com / thelosttarot.com
📷 thelosttarot

ハンス・バウアーによる、写真をベースにしたタロット。16世紀イギリスの毛織物商ブラッドフォードがダ・ヴィンチの発明したカメラ（!）で撮影した、という魅惑的な仮想の設定で制作されている。

04.

ストレッチ・タロット

"Temperance" from The Stretch Tarot
by J.E. Stretch.
Mixed media collage. 2016.

🌐 stretchtarot.com
📷 stretchtarot

J・E・ストレッチが制作したタロット。ヴィンテージの写真をコラージュして作られているのが特徴。「節制」の天使は音楽的調和を意味する楽譜を背景にし、変容を示すトンボの翅を生やす。

TEMPERANCE.

近現代絵画に見る
節 制

——適切に混ぜ合わせれば薬に、さもなければ身を侵す毒になる

文・千田歌秋

ウジェーヌ・グラッセ
《香水「オー・ド・リュバン」のポスター》
1900頃 カラーリトグラフ 個人蔵

強過ぎれば毒となる物も程よく薄めると薬になる。節制とは2つの要素の適切な調合である。

リュバンは18世紀創立の老舗香水メゾンで、イリスという名の商品も発表していた。グラッセのポスターの中で、髪を翼のように広げて優雅に水盤へと香水を注ぐこの女性が、アイリス（＝イリス）の花を脇に飾れば、さながらウェイト＝スミス版の節制の女神である〔25頁〕。

緑の悪魔と呼ばれたアブサンは、水で割ると白濁するリキュールで、その強い度数と幻覚作用から多くの中毒者を生んだとされた、いわば禁じられし魔酒である。ドガの描く娼婦は、快楽と引き換えに緑の悪魔に魂を売り渡すか、水で薄めて節制の天使に救われるかの瀬戸際にいる。

エドガー・ドガ
《カフェにて（アブサンを飲む人）》
1875-76　油彩／カンヴァス　92×68.5cm
オルセー美術館蔵（パリ）

✦ 変化はゆるやかに起こっている ✦

「節制」は、杯から杯へと水を移し替えている。
もしくはワインを水で薄めている様子を描くともいわれる。
伝統的には文字通り「節制」を意味する札だ。
自分を顧みて身を慎み、何事も過剰を避け、
心の中の情欲を消していく様子である。
この札が出た場合には、心が穏やかになって、
平穏の境地を得ることができそうだ。
あるいは、ふわふわと落ち着かない気持ちや欲望に
翻弄されている自分を鎮めることが
必要であるのかもしれない。
さらに、この水を心のエネルギーと解釈すれば、
「節制」は無風状態に見えていても、ゆっくりと心が動き出し、
何かと何かがつながり始めていることを示すのだろう。
変容、成熟はゆっくり起こっている。

Love／恋愛

ストイックでプラトニックな恋。
節度を保ちながら相手にアプローチする。
相手の気持ちがゆっくりと穏やかに伝わり、
理解できるようになっていく。
じれったさはあるかもしれないが、恋は着実に進展しつつある。
相手の理性的なところに惹かれる。肉体的ではなく精神的な愛。

Work／仕事

欲張りすぎないことが成功への近道。
倫理的なコンプライアンスを遵守しつつ、
着実に成果を上げていく。
仲間たちとの穏やかなコミュニケーションを大事にする。
対立していた見解を統合させていく。
最高ではないにしても満足のいく成果が得られる。

Relationship／対人関係

穏やかに人間関係が広がっていく。
静かな、しかし、意義深い交流やコミュニケーション。
異なる立場や意見があったとしても、
やがてちょうどよい着地点が得られる。
ソフトランディングできる関係。焦らずにじっくりと
言葉を交わす。相手を受け入れようとする姿勢。

ハンス・メムリンク
《地上のはかなさと天上の戦いの多翼教訓画》より〈地獄〉
1485 ストラスブール美術館蔵

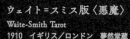

ウェイト＝スミス版〈悪魔〉
Waite-Smith Tarot
1910　イギリス／ロンドン　夢然堂蔵

悪魔

The Devil

「悪魔」はタロットの中で最もポピュラーなカー
ドのひとつでありながら、現存最古のパック
には見当たらない。だが時代が下るにつれ、実に想
像豊かな姿で描かれており、欲望や情欲など人間の
内にある制御できない側面を浮彫りにする。

15

悪魔 / The Devil

人間、そして社会に潜む
多様な悪の側面を映し出す

タロットについてまわるどこかダークでオカルト的な雰囲気を最もよく表しているのが、「悪魔」のカードだろう。現代のタロットの入門書の中にはこのカードを表紙に当てているものもあるが、「悪魔」の像はある意味でタロットそのものを象徴しているかのようである。タロットを「悪魔の絵本」と呼ぶ向きもあるほどなのだ。

だが、この「悪魔」はタロットの札の中でも大きな謎をはらんでいる1枚なのである。というのも、ヴィスコンティ・スフォルザ版をはじめ、現存する最古のタロットパックには、「悪魔」の札が欠落しているのだ。

一体これはどういうことなのだろうか。ここで考えられることは2つ。まず、15世紀半ばのタロット草創期のパックには最初から「悪魔」の札は存在しなかった。切札の「悪魔」は後で付け加えられたの

だ、という見方である。そしてもうひとつは、「悪魔」は最初から存在したが、現存するパックから散逸してしまって残っていないという説である。

タロット研究家のH・ファーリーは、15世紀半ばにはまだ「悪魔」の絵画表現が一般化、定式化されていなかったために最初は存在しなかったのではないかという立場をとっているが、このあたりはまだ決着がついていない。いずれにせよ、その後すぐに「悪魔」が加わり、タロット独特の妖しげでなんとも言えない魅力をこの札に与えることになるのである。

善良に過ぎる存在より、悪のほうが魅力的で多様なのは、人間存在におけるひとつの皮肉な真実であろう。タロットが描き出す「悪魔」は僕たちの心の中にある。あるいは、社会における実に多様な悪の姿を如実に写し取っているのだ。

ヴィスコンティ・スフォルザ版
〈悪魔〉

Visconti-Sforza Tarot
Dal Negro社により制作された復刻版
1975

前述したように現存するヴィスコ
ンティ・スフォルザ版に「悪魔」は
存在しない。この図は、同パック
を復刻するにあたって現代の画家
が当時の絵を想像しつつ新たに描
き足したものである。

名画に見る〈悪魔〉

アルブレヒト・デューラー
『ヨハネの黙示録』より
《底なしの淵の鍵を持つ天使》

1511　木版　39.4×28.2cm
メトロポリタン美術館蔵（ニューヨーク）

新約聖書の『ヨハネの黙示録』第20章では、天使と悪魔（サタン）の最後の戦いが語られる。天使は「年を経たあの蛇、つまり竜」を底なし淵に封印し、千年の間、人々が惑わされないようにした。本作の「悪魔」は山羊の頭と鱗で覆われた体を持ち、聖書の描写にほぼ忠実に描かれている。

ローゼンワルド・シート
〈悪魔〉

Rosenwald Playing Cards
15世紀　イタリア
ナショナル・ギャラリー蔵（ワシントン）

毛むくじゃらの体に角、猛禽の
脚の「悪魔」が三叉槍を持つ姿
で描かれている。どこかユーモ
ラスで民俗的な「悪魔」の姿が
かわいらしくもある。

作者不明のパリジャンのタロット〈悪魔〉

Tarot Anonyme de Paris
1600–50頃　フランス／パリ
フランス国立図書館蔵（パリ）

角を生やし、コウモリの翼と猛禽の脚を
持つ「悪魔」。しだいに「悪魔」像が定着
してきたことがうかがえる。腹部に顔が
あるのもまた典型的な「悪魔」のイメー
ジ。鎖を手にしていることにも注目。

名画に見る〈悪魔〉

ミヒャエル・パッハー
《教父祭壇画》より
〈聖アウグスティヌスに
　悪の書を見せる悪魔〉

1480　油彩／板　103×91cm
アルテ・ピナコテーク蔵（ミュンヘン）

祈祷の日課を忘れたことが記されている
書物を見せ、聖人を責めるこの「悪魔」
は山羊のような角と蹄、コウモリのよう
な骨ばった翼を持ち、臀部にも顔がある。
中世からルネサンス期にかけて表された
「悪魔」の多くがこれと似た特徴を持つ。

16世紀イタリアのタロット
〈悪魔〉
Italian Tarot Playing-Card
16世紀　イタリア
大英博物館蔵（ロンドン）

角を生やした山羊の顔の「悪魔」。
腹部にも顔がある。またその脚は
猛禽のそれであるのも典型。この
「悪魔」は人間を地獄に運びつつ、
その体をむさぼっているようだ。

名画に見る〈悪魔〉

ジョヴァンニ・ダ・モデナ
《地獄》(部分)

1410頃　フレスコ壁画
サン・ペトローニオ聖堂
ボロニーニ礼拝堂蔵 (ボローニャ)

キリストによる裁きを受けて地獄に送られた罪人は、それぞれの罪に応じて「悪魔」による絶え間ない責め苦にあう。中央に鎮座するのは「悪魔」の頭領サタン。罪人を食べ尽くしてはもうひとつの顔から吐き出し、永遠の苦しみを与えている。

ヴァンデンボルル・
バッカス・タロット
〈悪魔〉

Vandenborre Bacchus Tarot
1790–1850　ベルギー／ブリュッセル
フランス国立図書館蔵（パリ）

体中に眼と顔のある「悪魔」。こ
れに先んじる「ジャック・ヴィエ
ヴィルのタロット」（右図）との
類似は明らかである。

ジャック・ヴィエヴィルのタロット
〈悪魔〉

Tarot de Jacques Viéville
1650　フランス／パリ
フランス国立図書館蔵（パリ）

身体中に複数の顔を持つフリークス的「モ
ンスター」像がルネサンス以降に定式化
され、「悪魔」の像と習合していくが、こ
れはそのよい例のひとつだろう。

名画に見る〈悪魔〉

フアン・デ・フランデス
《キリストの誘惑》

1500~04頃　油彩／板　21×15.5cm
ナショナル・ギャラリー蔵（ワシントン）

荒れ野で40日間の断食を終えたイエスに近づくある人物。修道僧のように装っているが、頭には角が生え、裾の下からは爬虫類のような爪先が見えている。その正体は「悪魔」である。神の子ならば石をパンに変えてみよと挑発するが、イエスに退けられる。

ミンキアーテ版
〈悪魔〉

Minchiate Tarot
1860-90頃　イタリア／フィレンツェ
フランス国立図書館蔵（パリ）

16世紀のフィレンツェを発祥の地とする
97枚セットのタロットパック。角を生や
し、コウモリの翼を持つ「悪魔」が描か
れている。腰にベルトのように巻きつい
ている3匹の蛇がこの「悪魔」の醜悪さ
を強調している。

ミテッリ・タロッキ
〈悪魔〉

Tarocchini Mitelli
1660-70頃　イタリア
フランス国立図書館蔵（パリ）

17世紀イタリアのボローニャで活躍した
画家ジュゼッペ・マリア・ミテッリによ
る62枚のタロッキーニのうちの1枚。地
獄を表すのだろうか、業火の中に「悪魔」
が座している。組み敷いている（あるい
は従えている）のはやはり「悪魔」の表
象のひとつ、ドラゴンだ。

名画に見る〈悪魔〉

ルカ・シニョレッリ
《地獄へ堕ちる人々》

1500-03頃　フレスコ壁画　幅約700cm
オルヴィエート大聖堂
サン・ブリツィオ礼拝堂蔵

　罪を犯した人々と、サタンの使い
である「悪魔」たちで埋め尽くさ
れた地獄の場面。左端では業火が
黒い煙を立てながら燃えている。
「悪魔」の身体はカラフルに彩られ、
人間とは異質な存在であることが
強調されている。彼らはひたすら
罪人たちを捕らえ、地獄の業火に
投げ入れるという自分たちの任務
を粛々と遂行。罪を犯せばいずれ
はこうなるという教えを強烈に目
に焼き付けるとともに、人間の精
神的な脆さも浮彫りにしている。

マルセイユ版タロットの世界

文・夢然堂

松明らしきものを手にした有角有翼の「悪魔」が、2匹の眷属（けんぞく）を従えている。ブザンソン版は角の形状や毛で覆われた体表、向かい合った小悪魔たちのポーズなど、コンヴェル版とは異なる点が多々ある。ミュラー版は、明らかにブザンソン版のスタイルを踏襲したもの。ヴィアッソーネ版はよく見ると「悪魔」の胴体が顔のように見えるが、古いタイプのマルセイユ版にまま見られた特徴の名残である。

コンヴェル版を含む典型的なマルセイユ版の「悪魔」には、「恋人」札〔第4巻〕の項で言及した、低俗な愛を表す「悪徳としてのクピド」の影が見え隠れする。情欲を燃え立たせる松明も、獲物を捕らえて離さない鉤爪も、悪しきクピドの象徴であるからだ。

この件に関し、広範囲に影響を与えたことで知られる奇書、『ポリフィロの夢』（フランスでも16世紀半ばに翻訳されて人気を博した）にある挿画が注目される。2人の女性が裸で後ろ手に縛られて体をつながれ、背後に立つ有翼で裸身のクピドが、怒りの表情で鞭を振り上げているのだ。マルセイユ版の「松明」は、（彩色を無視すれば）鞭にも見える形状である。

もうひとつ重なって見えるのが、クピドの父とされることもあるメルクリウス神である。頭部の鹿の角めいたものを翼と捉えれば、例えばラファエロがローマのファルネジーナ荘に描いた、有翼の兜を被ったかの神によく似ている。ルネサンス美術に影響のあった魔術書『ピカトリクス』でも、水星（＝メルクリウス）の護符に描かれるのは、先述のクピドと同様、「鷲の足」を持ち「松明」を手にした者とされる。また「両性具有」も、占星術上の水星の特徴であることを付言しておきたい。

ルヴァンのニコラ・コンヴェル版
〈悪魔〉

Tarot of Marseilles by Nicolas Conver
1860年代頃　フランス／マルセイユ　夢然堂蔵

カモワンのニコラ・コンヴェル版
〈悪魔〉

Tarot of Marseilles by Nicolas Conver
19世紀末　フランス／マルセイユ　夢然堂蔵

ルノーのブザンソン版〈悪魔〉
The Besançon Tarot by Renault
19世紀前半　フランス／ブザンソン　夢然堂蔵

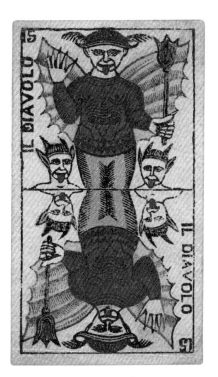

ミュラー版
〈悪魔〉

Tarot of Marseilles by J. Muller
19世紀末頃　スイス／シャフハウゼン　夢然堂蔵

ヴィアッソーネのピエモンテ版
〈悪魔〉

Piedmont Tarot by Alessandro Viassone
1900年前後 (?)　イタリア／トリノ　夢然堂蔵

＊各パックについては第1巻「愚者・奇術師」〔17〜19頁〕で解説

グラン・エテイヤ
（タロット・エジプシャン）
〈抗えない力〉
Grand Etteilla or Tarot Égyptien
1850-90頃　フランス／パリ
フランス国立図書館蔵（パリ）

18世紀末のカード占い師エテイヤが制作
した史上初の「占い専用」タロットパッ
クより、「悪魔」に相当する札。「邪悪な
力」とも題され、制御できない衝動や不
毛な努力を意味するという。

エリファス・レヴィ
『高等魔術の教理と祭儀』（1856）より
〈バフォメット〉

19世紀の「近代魔術の父」エリファス・
レヴィの著作に見られる「バフォメッ
ト」像。バフォメットとは山羊の頭
部を持ち、キリスト教徒にとって異
教の神とされた悪魔。中世ヨーロッ
パの十字軍の時代にテンプル騎士団が
崇拝しているのではないかと疑惑を持
たれた。右頁の図版と比較すると、近
代のオカルト的タロットの「悪魔」像
のモデルとなったのは明らかである。

オズヴァルト・ヴィルト・タロット
〈悪魔〉
Oswald Wirth Tarot
1889　フランス／パリ
フランス国立図書館蔵（パリ）

　19世紀末のオカルト主義者ヴィルトによ
るタロットの1枚。「悪魔」は物質世界を
生み出す個体化の原理とつながっている
という。それは「生命の循環を脅かす」
「根源的利己主義」なのである。

オズヴァルト・ヴィルト・タロット
〈悪魔〉
Oswald Wirth Tarot
1926（改訂版）　フランス／パリ　個人蔵

名画に見る〈悪魔〉

フランシスコ・デ・ゴヤ
《魔女のサバト》

1797-98頃　油彩／カンヴァス　43×30cm
ラサロ・ガルディアーノ美術館蔵（マドリード）

月が不気味に霞んで見える空の下、巨大な牡山
羊の周りに魔女たちが群がっている。彼らは幼
児を差し出し、今宵の生贄にしようというのだ
ろう。聖書には「悪魔」の姿について記されて
いないが、正しい人々を羊、呪われた人々を山
羊に喩えており、現代に至るまで「悪魔」の典
型像のひとつとして山羊が用いられている。

52

ウェイト=スミス版
〈悪魔〉
Waite-Smith Tarot
1910　イギリス／ロンドン　夢然堂蔵

　20世紀を代表するオカルト的タロッ
トのひとつ。50頁のエリファス・レ
ヴィの描く悪魔像との類似は明ら
かだ。ただし、額の五芒星が上下
逆になっていることに注目。逆向
きの五芒星は物質（四大元素）に
支配された魂を示すという。

現代のタロット／悪魔

Contemporary Tarot Artworks / The Devil

THE DARK GOD

01.

レッド・スレッズ・タロット

The Red Threads Tarot by Linda Hill,
self published, 2023

🌐 theredseeds.wordpress.com
📷 redseedsart

イギリスのアーティスト、リンダ・
ヒルの作品。古代ギリシャにおけ
る「エレウシスの密儀」をテーマ
として伝統的なタロットを再解釈。
「悪魔」は闇の世界を司る神格とし
て描かれている。

02.

マザーピース・ラウンド・
タロット・デッキ

Motherpeace Round Tarot Deck
by Karen Vogel and Vicki Noble

🌐 motherpeace.com
📷 motherpeacekaren

フェミニズム的タロットの草分けとなった
名作。女性性が尊重されていたとされる
古代社会を描いている。「悪魔」の札は、
経済力と軍事力で人々を支配する家父長
制そのものとして表現されている。

LE DIABLE
The Devil

XV.

THE DEVIL (♓)

03.

アルリシア 22

ALRESCHA 22

ニチユー株式会社
🌐 pentacle.jp

日本の図案作家イズモアリタが制作
した独創的なタロット。コントラス
トの強い色彩が目を引く。「アルリシ
ア」とは相反する方向に泳ぐ、魚座
の2匹の魚をつないでいる「結び目」
を意味するのだという。

04.

マインドスケープス・タロット

The Mindscapes Tarot by John A. Rice

🌐 jarstudionyc.com
📷 jarstudionyc

ニューヨークのアーティスト、ジョン・
ライスによるタロット。1枚1枚のカ
ードが心象風景として描かれている。
この「悪魔」には雨の日の人気のない
都市を走るバスが描かれている。

近現代絵画に見る
悪魔

文・千田歌秋

—— 人生の光と闇を体現する
反逆天使のなれの果て

フェリシアン・ロップス
《悪魔主義者（カルバリー）》
1882　水彩・パステル／紙
フェリシアン・ロップス美術館蔵
（ナミュール）

フランツ・フォン・シュトゥック
《ルシファー》
1890-91　油彩／カンヴァス
161×152.5cm
ナショナル・ギャラリー蔵 (ソフィア)

　悪魔＝デヴィル（中傷者）は、サタ
ン（敵対者）やルシファー（光を運ぶ
者）とも呼ばれる、地獄の闇と天国の
光両方の属性を持つ存在である。悪と
善、罪と徳、絶望の闇と希望の光の狭
間にいる人間の似姿なのかもしれない。
　神に反逆したサタンの淫猥な姿態を、
良識ある人々の面前に晒したロップス。

彼はキリストの代わりにベルゼブブを
磔刑に処し、清い信仰の裏に隠された
悪徳の崇拝と欲望の支配を暴き出した。
　奈落に墜ちたルシファーの姿を、ロ
ダンの彫刻のように描いたシュトゥッ
ク。彼はこの堕天使を通して、真の光
を知るためには闇の底で苦悩しなけれ
ばならない、と伝えたかったのだろう。

57

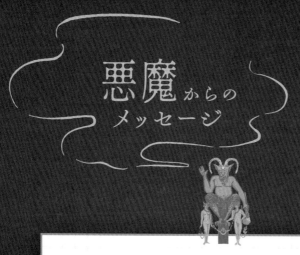

悪魔からのメッセージ

★ 本当に重要なものは何か見定めよう ★

典型的な「悪魔」の札では、
大悪魔が2匹の小悪魔を従えている。
小悪魔は鎖でつながれているが、その鎖はよく見るとゆるく、
その気になれば自分で外すこともできそうだ。
「悪魔」は人間の中に巣食う欲望や情欲、
あるいはその誘惑を表すものと考えられる。
「悪魔」の札が出たときには、こうした誘惑からいかに
自分を護るかが重要になるということだろう。
一方で、正攻法だけではうまくいかない状況や、
自分の中の欲望を注視し、自分が本当に求めているのは
何かをきちんと理解することが重要だとも告げている。
清らかさも濁も併せのむ懐の広さを持つことも、
人生における成熟のひとつのかたちだろう。

Love / 恋愛

性的欲望に引きずられた恋。セクシャルな関係。
不倫関係など、公には認めがたい恋のかたち。
あるいは人にはなかなか言えないような関係。
浮気心、嫉妬心、あるいは独占欲などに翻弄されてしまう。
共依存的な関係に陥る危険。不均衡な関係。

Work / 仕事

コンプライアンスに反するようなこと。
正規の方法以外での仕事の進め方。強引なやり口。
ブラックな仕事。今の仕事や権力へのこだわり。
一方で、相手の心理を巧みに突くような方法で仕事を進めていく。
占いやオカルト的なことに関してはむしろよい暗示かもしれない。

Relationship / 対人関係

あまりよい関係とは言えない。互いの弱みにつけ込んだり、
心よりも金銭や権力によって結ばれている関係。
悪縁、腐れ縁などになっていないか見直してみよう。
不毛な関係をずるずると続けていくのは
お互いにとってマイナスになる。

自己探求ツールとしてのタロットカード　佐藤元泰

新型コロナウイルスが猛威を振るい、多くの方が人生の不条理に直面していた2021年、「東京タロット美術館」を開館した。「アート」としてのタロットをご覧いただき、それを通じて「自己との対話」を提供する場になればと願ってのことであった。世界でもほとんど例のない試みであるが、予想を超えて多くの来館者を迎えることができ、各方面からご好評をいただいている。

タロットがなぜ「自己との対話」になるのだろうかと訝しむ方もおられるかもしれない。ここで思い浮かぶのは、古代から語られている二種の時間の概念である。

古代ギリシャでは、二つの時間の概念が存在した。一つは「クロノス」、過去から未来へ一定の方向と速度で流れていく客観的な時間。もう一つは「カイロス」、これはそれぞれの人の中に内在する感覚的で主観的な時間を表現している。

これをタロットに当てはめて考えてみよう。愚者の旅、魂の旅とも言われる大アルカナ一枚一枚のカードの中には、人生のさまざまな段階や試練が描かれ、それらを経て、魂が成長し進化する様子が表現されているという。愛や正義、死といった普遍的なテーマを内包するタロットは人生の時間をわずか22枚の絵札によって表現する。絵札の順序は時代や地域によって異同はあるものの、現在では標準的な定型がある。これは一種のフレームであり、先のギリシャの時間の概念で言えば「クロノス」であろう。

一方で個々人がカードを引き、目の前に現れた絵柄から、個人がその意味やメッセージを読み解こうとする時、そこには、カイロス的な時間が流れはじめる。大文字の「死」や「愛」が自分だけのかけがえのないものとして現れはじめるのだ。タロットは、クロノスとカイロスの交差する時空の中で、自己との、そして不可視な世界との対話を可能とし、私たちの内面の複雑さや深層心理を映し出して自己認識と内面の調和を促

す「こころの鏡」となる。

　クロノスが全てではなく、カイロスもまた全てではない。人はクロノスの制約の中でもがき生きる一方で、カイロスという瞬間の時を大切にし、人生の豊かさと深みを追求する。重要なのは、クロノスとカイロスのバランスを取りながら、自分自身や周りの人々との調和を見つけることだろう。

　今、この時代は大きな曲がり角に来ている。テクノロジーの進化、気候変動、そしてソーシャルメディアの台頭は、現代社会に大きな影響を与え、これらの要素が複雑に絡み合い、社会構造、生活様式、価値観に急速な変化をもたらしている。そんな中、人生では、思いもかけないことが起こる。その度に、事象の奥に広がる世界を読み解く感性が求められる。一つ一つの出来事の表層的な意味に囚われることなく、その余白を感じ、本質的なものを捉えようとすることにより、人生の意味、永遠なるものを見つけられるのではない

だろうか。タロットはその感性を磨く一助となるはずだ。

　愚者が到達する、タロットカードのXXI.WORLD「世界」の中心には、男性と女性が統合された姿、つまり、相反する概念の統合が描かれている。これがタロットの最終的に目指す「二元論の統合」の象徴であるとすれば、人生の不条理に向き合わざるを得ないこの時代の中でこそ果たせる役割もタロットにはあるはずだ。

　「タロット美術館」では現在、5000種以上のタロットを所蔵し、それを入れ替えながら展示している。ここは訪れる方だけの時間を大切にしていただく場所である。心ゆくまで、タロットのアートをご堪能いただき、タロットを通して「自己との対話」を味わっていただければ幸いである。

（さとう・もとやす　ニチユー株式会社代表取締役／東京タロット美術館館長）

切札一覧(大アルカナ)

* 図版はすべて、ウェイト=スミス版 (1910、イギリス／ロンドン、夢然堂蔵)。
* 掲載順は伝統的なマルセイユ版に基づき、第8番を「正義」(第5巻)、第11番を「力」(第6巻)とした。
* 数札・人物札 (小アルカナ) は第12巻に掲載。

0 愚者
The Fool〔第1巻〕

1 奇術師
The Magician〔第1巻〕

6 恋人
The Lovers〔第4巻〕

7 戦車
The Chariot〔第4巻〕

8 正義
Justice〔第5巻〕

9 隠者
The Hermit〔第5巻〕

14 節制
Temperance〔第8巻〕

15 悪魔
The Devil〔第8巻〕

16 塔
The Tower〔第9巻〕

17 星
The Star〔第9巻〕

2 女教皇
The High Priestess〔第2巻〕

3 女帝
The Empress〔第2巻〕

4 皇帝
The Emperor〔第3巻〕

5 教皇
The Hierophant〔第3巻〕

10 運命の輪
Wheel of Fortune〔第6巻〕

11 力
Strength〔第6巻〕

12 吊られた男
The Hanged Man〔第7巻〕

13 死神
Death〔第7巻〕

18 月
The Moon〔第10巻〕

19 太陽
The Sun〔第10巻〕

20 審判
Judgement〔第11巻〕

21 世界
The World〔第11巻〕

鏡 リュウジ（かがみ・りゅうじ）

占星術研究家、翻訳家。1968年、京都府生まれ。国際基督教大学卒業、同大学院修士課程修了（比較文化）。英国占星術協会会員、日本トランスパーソナル学会理事、東京アストロロジー・スクール主幹。平安女学院大学客員教授、京都文教大学客員教授。著書に『鏡リュウジの実践タロット・リーディング』『タロット バイブル 78枚の真の意味』（以上、朝日新聞出版）、『タロットの秘密』（講談社）、『はじめてのタロット』（ホーム社）、訳書に『ユングと占星術』（青土社）、『神託のタロット ギリシアの神々が深層心理を映し出す』『ミンキアーテ・タロット』（以上、原書房）など多数。『ユリイカ タロットの世界』（青土社）責任編集も務める。

夢然堂（むぜんとう）

古典タロット愛好家。『ユリイカ タロットの世界』（青土社）では、「『マルセイユのタロット』史　概説」と「日本におけるタロットの受容史」を担当。その他、国内外の協力作品や企画多々。第4回国際タロット賞選考委員。福岡県在住。

千田歌秋（せんだ・かあき）

東京麻布十番の占いカフェ＆バー燦伍（さんご）のオーナー占い師およびバーテンダー。著書に『はじめてでも、いちばん深く占える タロット READING BOOK』（学研プラス）、『ビブリオマンシー 読むタロット占い』（日本文芸社）がある。

写真協力：夢然堂／鏡リュウジ／アフロ（Bridgeman Images, Mondadori）

アルケミスト双書　タロットの美術史〈8〉

節制・悪魔
<ruby>節<rt>せっ</rt>制<rt>せい</rt></ruby>・<ruby>悪<rt>あく</rt>魔<rt>ま</rt></ruby>

2024年5月20日　第1版第1刷発行

著者	鏡 リュウジ
発行者	矢部敬一
発行所	株式会社 創元社　https://www.sogensha.co.jp/
本社	〒541-0047 大阪市中央区淡路町4-3-6 Tel.06-6231-9010　Fax.06-6233-3111
東京支店	〒101-0051 東京都千代田区神田神保町1-2 田辺ビル Tel.03-6811-0662（代）
印刷所	図書印刷 株式会社
装幀・組版	米倉英弘・鈴木沙季・橋本 葵（細山田デザイン事務所）
編集協力	関 弥生

©2024 Ryuji Kagami, Printed in Japan　ISBN 978-4-422-70168-4 C0371
〈検印廃止〉乱丁・落丁本はお取り替えいたします。定価はカバーに表示してあります。